ARRÊTÉS

CONCERNANT

L'ADMINISTRATION DES CONTRIBUTIONS

INDIRECTES.

SAIGON
IMPRIMERIE NATIONALE

1881

———

ARRÊTÉS

CONCERNANT

L'ADMINISTRATION DES CONTRIBUTIONS

INDIRECTES.

———

SAIGON

IMPRIMERIE NATIONALE

—

1881

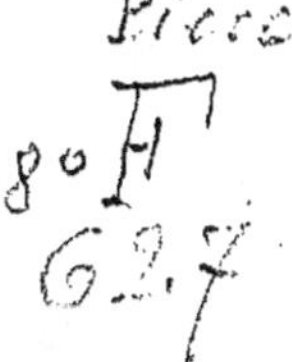

ARRÊTÉS

concernant l'administration des contributions indirectes.

Le Gouverneur de la Cochinchine française, officier de la Légion d'honneur et de l'Instruction publique,

Vu le décret du 1er mai 1881, approuvant la délibération du Conseil colonial du 10 février précédent, qui substitue à l'affermage la régie directe pour la perception de l'impôt sur l'opium ;

Vu la délibération de l'Assemblée, en date du 13 décembre 1881, appliquant le même système pour l'impôt sur les alcools fabriqués dans la colonie ;

Vu les deux décrets du 4 mai 1881, dont l'un réorganise l'Administration de l'intérieur et l'autre ouvre un compte de prévoyance au profit des fonctionnaires et employés civils des services publics en Cochinchine ;

Sur la proposition du Directeur de l'intérieur,

Le Conseil privé entendu,

ARRÊTE :

TITRE PREMIER.

Dispositions générales.

Article premier. — L'exploitation des régies de l'opium, des alcools, est confiée à une administration particulière qui prend le nom d'administration des contributions indirectes.

Elle fonctionnera sous l'autorité du Directeur de l'intérieur.

Ses attributions s'étendront en outre à la perception de l'impôt à la sortie sur les riz et paddys, et des droits frappant, à l'entrée dans la colonie, les alcools de toutes provenances.

Art. 2. — A la tête du service est placé un directeur investi d'une autorité générale.

Art. 3. — Le directeur des contributions indirectes est logé et meublé.

En raison des nécessités du service, des logements sont prévus dans les établissements de la régie pour le directeur de la manufacture de l'opium, le garde magasin général, le magasinier comptable et tous les entreposeurs.

Les préposés européens pourront être casernés.

Aux uns et aux autres, il ne sera fourni aucun meuble autre que ceux de bureau.

Art. 4. — Le directeur est nommé par le Ministre.

Les emplois d'inspecteur, de sous-inspecteur, de directeur de la manufacture de l'opium, de contrôleurs, d'entreposeurs et de commis de toutes classes, sont à la nomination du Gouverneur.

Les brigadiers, sous-brigadiers et préposés, magasiniers comptables et autres agents européens sont commissionnés par le Directeur de l'intérieur.

Les agents asiatiques sont nommés, suspendus et révoqués par le directeur des contributions indirectes.

Art. 5. — Nul ne sera admis dans ce service avant l'âge de 21 ans ni après 30 ans. Cette dernière limite sera reculée jusqu'à 35 ans pour ceux qui, justifiant de services antérieurs à l'État ou à la colonie, pourraient réunir, à 55 ans d'âge, les droits à la pension de retraite.

Art. 6. — Les cadres et les traitements des fonctionnaires, employés et agents seront fixés par un arrêté spécial qui déterminera les conditions d'avancement, les mesures disciplinaires à appliquer, ainsi que la composition et les attributions des bureaux.

Ce personnel jouira, soit au point de vue du compte de prévoyance, soit en ce qui touche les congés, le droit à l'hôpital, les indemnités de route, etc., des mêmes avantages accordés aux autres fonctionnaires et agents de la Direction de l'intérieur par les décrets et règlements organiques.

Art. 7. — L'assimilation pour le traitement à l'hôpital et à bord des bâtiments de l'État, ainsi que pour les indemnités de route et de séjour, est fixée conformément au tableau joint au présent arrêté.

Art. 8. — La gestion confiée à l'Administration des contributions indirectes constituant un service régi par économie, elle pourra disposer d'une caisse de fonds d'avances.

TITRE II.

Organisation du service.

Art. 9. — Le directeur de l'administration des contributions indirectes relève de l'autorité du Directeur de l'intérieur.

Comme chef d'un service financier, il travaille avec le Gouverneur ; il est appelé au Conseil privé dans les conditions prévues au décret du 20 novembre 1869.

Il correspond avec toutes les autorités judiciaires, militaires et administratives de la colonie.

Art. 10. — Les demandes de transactions sont soumises, avec la proposition du directeur, à la décision du Gouverneur, en Conseil privé. Toutefois, l'approbation du directeur rend définitives les transactions n'excédant pas 300 piastres (amendes, dommages-intérêts et confiscations compris).

En cas de refus du directeur, la partie pourra se pourvoir auprès du Gouverneur, en Conseil privé.

Art. 11. — Un inspecteur est chargé, sous l'autorité du directeur, de la direction du service actif; son action de contrôle et sa surveillance s'étendent sur tout le service, à l'exception des bureaux et du service intérieur de la bouillerie de l'opium.

Le sous-inspecteur, les contrôleurs de circonscription, les entreposeurs, les préposés et les surveillants sont placés directement sous ses ordres.

Il assure l'exécution ponctuelle des règlements et des instructions du directeur, qu'il remplace en cas d'absence ou d'empêchement, à moins que le Gouverneur n'en ait autrement ordonné.

Art. 12. — Le sous-inspecteur supplée l'inspecteur et participe à l'exercice de ses attributions dans la limite des instructions qui lui sont données.

Art. 13. — Un contrôleur est établi dans chacune des circonscriptions des tribunaux de première instance. Il soutient et défend les intérêts de l'administration des contributions indirectes devant la justice. Son action de surveillance s'étend sur tout le service et sur le personnel de sa circonscription.

Art. 14. — Un entreposeur comptable des valeurs et du matériel confiés à sa garde est institué dans chacun des postes de vente dont l'Administration aura reconnu l'utilité.

Il est chef du service dans son arrondissement et doit se conformer aux instructions de la direction. Tout le personnel lui est subordonné.

En cas d'absence ou d'empêchement du contrôleur, l'entreposeur dans sa résidence le remplace dans la partie des attributions qui lui sont dévolues pour les actions portées devant les tribunaux.

Art. 15. — L'entreposeur fait la recette générale de tous les produits appartenant au service des contributions indirectes et en verse chaque jour le montant entre les mains de l'agent du trésor.

Dans les localités où il n'existe pas de percepteurs, les versements auront lieu tous les dix jours. Pour Camau, le versement sera effectué tous les mois seulement, en raison des distances.

Art. 16. — La manufacture de l'opium est placée sous les ordres d'un fonctionnaire qui prend le titre de directeur de la bouillerie.

Il assure l'exécution du service. Tout le personnel de l'établissement lui est subordonné. Sous ses ordres sont placés un entreposeur garde magasin général et des magasiniers comptables, responsables des matières et des objets en service.

Il approvisionne les entrepôts de l'intérieur.

TITRE III.

Du conseil de surveillance.

Art. 17. — Il est institué un conseil de surveillance composé de :

MM. le Directeur de l'intérieur, *président ;*
    Le trésorier payeur ;
    Un administrateur principal ;
    Deux conseillers coloniaux désignés par l'Assemblée.

Le directeur des contributions indirectes est admis de droit au conseil, qui peut, lorsqu'il le juge convenable, appeler aussi l'inspecteur, le directeur de la bouillerie et le chef de la comptabilité.

Le conseil se réunit une fois par mois ou plus souvent, si cela est nécessaire, sur la convocation du président.

A la suite de chaque séance, il adresse un rapport au Gouverneur.

Art. 18. — Le présent arrêté, exécutoire provisoirement à compter du 1er janvier 1882, sera soumis à l'approbation du Ministre du commerce et des colonies.

Art. 19. — Le Directeur de l'intérieur est chargé de l'exécution du présent arrêté, qui sera enregistré partout où besoin sera et publié dans les *Feuilles* et *Bulletins officiels de la colonie.*

Saigon, le 19 décembre 1881.

LE MYRE DE VILERS.

Par le Gouverneur :

Le Directeur de l'intérieur,
BÉLIARD.

TABLEAU d'assimilation pour le classement à bord des bâtiments de l'État et dans les hôpitaux de la colonie, ainsi que pour les allocations d'indemnités de route et de séjour.

OFFICIERS SUPÉRIEURS.	OFFICIERS SUBALTERNES.	ASPIRANTS.	MAITRES.	MATELOTS.
Directeur. Inspecteur.	Sous-inspecteur, Directeur de la manufacture d'opium. Contrôleurs principaux. Contrôleurs. Entreposeurs. Commis principaux.	Commis de toutes classes. Comptables de 1re et 2e classe. Commis de comptabilité. Commis auxiliaires.	Brigadiers. Sous-brigadiers. Patrons européens de chaloupes et canots. Magasiniers. Mécanicien européen. Préposés de 1re classe.	Préposés de 2e et 3e classe. PERSONNEL INDIGÈNE. Lettrés. Interprètes. Ecrivains. Brigadier. Sous-brigadier. Surveillants. Matelots. Peseurs. Ouvriers. Concierge. Plantons.

ARRÊTÉ

relatif à la constatation et à la répression de la fraude en matière d'opium.

Le Gouverneur de la Cochinchine française, officier de la Légion d'honneur et de l'Instruction publique,

Vu le décret du 10 janvier 1863, sur le pouvoir du Gouverneur dans la colonie ;

Vu le décret du 30 janvier 1867, sur les pouvoirs du Gouverneur en matière de taxes et de contributions ;

Vu le décret du 1er mai 1881, portant suppression en Cochinchine de la ferme de l'opium et établissant la régie pour le recouvrement de cet impôt ;

Considérant que les arrêtés et règlements en vigueur ne sont pas en rapport avec cette nouvelle institution ;

Qu'il importe de régler à nouveau tout ce qui est relatif à la fabrication et à la vente de l'opium en Cochinchine ;

Qu'il y a lieu également de prendre certaines dispositions pour constater et réprimer la fraude qui pourrait se produire au préjudice de l'Administration ;

Sur la proposition du Directeur de l'intérieur et du Procureur général,

Le Conseil privé entendu,

ARRÈTE :

TITRE PREMIER.

DE LA CONSTATATION DES CONTRAVENTIONS.

Article premier. — Les contraventions aux règlements et arrêtés sur l'introduction et la vente de l'opium, dans les possessions françaises de la Cochinchine, seront spécialement constatées par les préposés et agents de la régie, et, en général, par tout agent de la force publique.

CHAPITRE PREMIER.

DES PRÉPOSÉS DE LA RÉGIE.

Procès-verbaux, perquisitions et visites.

Art. 2. — Les préposés de la régie seront citoyens ou sujets français et âgés de 21 ans accomplis.

Ils seront tenus, avant d'entrer en fonctions, de prêter serment devant la cour d'appel; leurs attributions s'étendront à tout le territoire de la colonie.

Le serment des agents ou préposés de la régie sera enregistré au greffe de la cour d'appel et transcrit sur leurs commissions, sans autres frais que ceux d'enregistrement et de greffe.

Art. 3. — Le directeur, les inspecteurs, contrôleurs, entreposeurs et autres fonctionnaires de la régie prêteront, dans les mêmes conditions, serment devant la cour d'appel et auront également qualité pour constater les mêmes contraventions.

Art. 4. — Les perquisitions et visites domiciliaires, ailleurs que chez les débitants, ne pourront être faites que par les fonctionnaires, agents et préposés européens de la régie, par la gendarmerie, les officiers de police judiciaire et généralement par tout agent européen de la force publique. — Ils pourront, hors la ville de Saigon, y procéder sans l'assistance d'aucun officier de police judiciaire.

Art. 5. — Quel que soit le résultat de sa visite ou perquisition, celui qui y aura procédé devra en dresser procès-verbal et en laisser copie aux parties intéressées.

Le procès-verbal, redigé en double expédition, sera transmis sans délai au procureur de la République de l'arrondissement et au directeur de la régie, le tout à peine de 50 à 100 piastres d'amende et de dommages-intérêts, s'il y a lieu.

Art. 6. — Les fonctionnaires, préposés ou agents, lorsqu'ils opéreront une visite ou une perquisition, devront être porteurs de leur nomination ou commission, ou d'une carte délivrée par le Directeur de l'intérieur, certifiant leur qualité et leur identité.

Art. 7. — A défaut d'un signe extérieur révélant leurs fonctions, ils devront exhiber la pièce désignée en l'article précédent aux personnes intéressées, s'ils ne sont porteurs ni de pièces officielles ni d'un signe extérieur indiquant leurs fonctions, ils ne pourront se livrer à aucune visite ou perquisition contre le gré des particuliers, à peine de tous dommages-intérêts, s'il y a lieu, et d'être poursuivis pour violation de domicile.

Art. 8. — Les procès-verbaux énonceront la date et la cause de la saisie, la déclaration qui en aura été faite au prévenu, les nom, qualité et demeure du saisissant, l'espèce, poids et mesure des objets saisis, la présence de la partie à leur description ou la sommation qui lui aura été faite d'y assister; le nom et la qualité du gardien, s'il y a lieu, le lieu de la rédaction du procès-verbal et l'heure de sa clôture.

Art. 9. — Dans le cas où le motif de la saisie portera sur le faux ou l'altération des expéditions ou des marques de la régie, le procès-verbal énoncera le genre de faux, les altérations ou surcharges. Lesdites pièces fausses seront signées et paraphées du saisissant et annexées au procès-verbal qui contiendra la sommation faite à la partie de les parapher, et sa réponse.

Art. 10. — Il pourra être donné main-levée sous caution solvable ou en consignant la valeur des navires, bateaux, barques et voitures, chevaux et équipages, ou tous autres objets saisis pour cause de fraude.

Art. 11. — Si le prévenu est présent, le procès-verbal énoncera qu'il lui en a été donné lecture et copie. En cas d'absence du prévenu, la copie sera affichée dans le jour à la porte de la maison commune du lieu de la saisie. — Ces procès-verbaux ou affiches pourront être faits tous les jours indistinctement.

Art. 12. — Les procès-verbaux seront affirmés dans les trois jours devant le juge de paix ou le magistrat qui en remplira les fonctions, si la contravention a été constatée au chef-lieu d'un arrondissement judiciaire, et dans les huit jours si la constatation s'est faite en dehors du chef-lieu. — Dans les arrondissements où il n'existe pas de juge de paix ni de magistrat en remplissant les fonctions, le procès-verbal sera affirmé dans les mêmes conditions devant l'administrateur ou son adjoint.

Art. 13. — Les procès-verbaux, ainsi rédigés et affirmés par deux agents européens, seront crus jusqu'à inscription de faux. — Les tribunaux ne pourront admettre contre lesdits procès-verbaux d'autres nullités que celles résultant de l'omission des formalités prescrites par les articles précédents. — Le procès-verbal nul pour défaut de forme, ou qui n'aurait été rédigé que par un seul agent, ne fera foi que jusqu'à preuve du contraire.

Art. 14. — Les fonctionnaires, les préposés et employés assermentés de la régie, les officiers de police judiciaire, les gendarmes, les préposés forestiers, et généralement tout employé européen assermenté, pourront, en constatant la fraude et en procédant à la saisie des objets prohibés ou servant à leur fabrication, procéder à l'arrestation et constituer prisonniers les fraudeurs et colporteurs.

Art. 15. — Lorsque, conformément à l'article précédent, les employés auront arrêté un fraudeur ou colporteur de matières prohibées, ils seront tenus de le conduire sur-le-champ devant un officier de police judiciaire ou de le remettre à la force armée, qui le conduira devant le juge de paix ou le magistrat qui en remplit les fonctions, lequel statuera de suite, par une décision motivée, sur son emprisonnement ou sa mise en liberté sous caution.

La caution devra être suffisante pour garantir la représentation en justice du prévenu et le paiement de l'amende et des condamnations encourues.

Le prévenu sera admis à consigner lui-même le montant desdites condamnations et amendes.

Art. 16. — Les rébellions et voies de fait contre les employés ou agents seront poursuivies devant les tribunaux, qui ordonneront l'application des peines prononcées par le Code pénal, indépendamment des amendes et confiscations qui pourraient être encourues par les contrevenants.

Quand les rébellions ou voies de fait auront été commises par un débitant, le tribunal ordonnera en outre la clôture du débit pendant un délai de trois mois au moins et de six mois au plus, sans préjudice du droit qu'aura l'Administration d'ordonner la fermeture desdits établissements, soit après toute condamnation, soit par mesure de sûreté publique.

CHAPITRE II.

DE LA PROCÉDURE JUDICIAIRE SUR LES PROCÈS-VERBAUX
DE CONTRAVENTION.

Art. 17. — L'assignation à fin de condamnation sera donnée dans le mois au plus tard de la date du procès-verbal ; elle pourra être donnée par les agents assermentés de la régie ou tous autres agents de la force publique.

Art. 18. — La régie sera représentée devant les tribunaux de la colonie par des fonctionnaires désignés par un arrêté du Gouverneur.

Art. 19. — Si le tribunal juge la saisie mal fondée, il pourra condamner la régie, non-seulement aux frais du procès et à ceux de fourrière et de gardiennage, le cas échéant, mais encore à une indemnité proportionnée à la valeur des objets dont le saisi aura été privé pendant le temps de la saisie jusqu'à leur remise, ou l'offre qui en aura été faite ; mais cette indemnité ne pourra excéder 1 p. 100 par mois de la valeur desdits objets.

Art. 20. — Si, par l'effet de la saisie et leur dépôt dans un lieu et à la garde d'un dépositaire qui n'aurait pas été choisi ou indiqué par le saisi, les objets saisis avaient dépéri avant leur remise ou l'offre valable de cette remise, la régie pourra être condamnée à en payer la valeur ou l'indemnité de leur dépérissement.

Art. 21. — Dans le cas où la saisie n'étant pas déclarée valable, la régie interjetterait appel du jugement, les navires, bateaux, barques, voitures, chevaux et autres animaux saisis et tous les objets sujets à dépérissement ne seront remis que sous caution solvable, après estimation de leur valeur.

Art. 22. — L'appel devra être notifié dans le mois de la signification du jugement ; après ce délai, il ne sera point recevable.

La déclaration d'appel contiendra assignation à huitaine devant la cour d'appel ; le délai de huit jours sera prorogé d'un jour par chaque deux myriamètres de distance du domicile du défendeur au chef-lieu de la cour.

Art. 23. — L'irrégularité du procès-verbal portant saisie d'objets prohibés n'empêchera pas les juges de prononcer la peine encourue et la confiscation desdits objets, si la contravention se trouve d'ailleurs suffisamment constatée par l'instruction.

Art. 24. — Les propriétaires des marchandises seront responsables du fait de leurs facteurs, agents ou domestiques, en ce qui concerne les droits, confiscations, amendes et dépens.

Art. 25. — La confiscation des objets saisis pourra être poursuivie contre les conducteurs, colporteurs ou détenteurs, sans que la régie soit obligée de mettre en cause les propriétaires, quand même ils lui seraient indiqués, sauf si les propriétaires intervenaient ou étaient appelés par ceux sur qui les saisies auraient été faites, à être statué, ainsi que de droit, sur leur intervention ou réclamation.

Art. 26. — Les condamnations pécuniaires contre plusieurs personnes pour un même fait de fraude seront solidaires.

Art. 27. — Les objets, soit saisis pour fraudes ou contraventions, soit confisqués, ne pourront être revendiqués par les propriétaires, ni le prix, soit qu'il soit consigné ou non, réclamé par aucun créancier, même privilégié, sauf le recours contre les auteurs de la fraude.

Art. 28. — Les juges ne pourront, sous aucun prétexte, modérer des confiscations ou amendes, ni en ordonner l'emploi au préjudice de la régie.

Art. 29. — Les jugements portant condamnation du paiement des droits, amendes et frais seront exécutés même par corps. La durée de cette contrainte ne pourra excéder un an.

Art. 30. — Les jugements portant confiscation des objets saisis sur des particuliers inconnus, et par eux abandonnés et non réclamés, ne seront exécutés qu'après le mois de l'affichage desdits jugements à la porte du bureau de la régie où ont été déposés les objets saisis.

Passé ce délai, aucune demande ou répétition ne sera valable et les objets saisis seront vendus au profit de la régie.

Art. 31. — La régie pourra, en tout état de cause, transiger avec les contrevenants. En cas de transaction avant tout jugement, les objets sujets à confiscation ne pourront être revendiqués par leur propriétaire; ils seront acquis de plein droit à la régie sans qu'il soit besoin de faire prononcer la confiscation par les tribunaux.

CHAPITRE III.

DE L'INSCRIPTION DE FAUX.

Art. 32. — Celui qui voudra s'inscrire en faux contre un procès-verbal sera tenu d'en faire la déclaration par écrit, en personne ou par un fondé de pouvoir spécial et authentique, au plus tard à l'audience indiquée dans l'assignation à fin de condamnation. Cette déclaration sera reçue et signée par le président du tribunal et le greffier, dans le cas où le déclarant ne saurait écrire ni signer. Cette déclaration indiquera les moyens de faux, le nom et la qualité des témoins qui devront être entendus, le tout à peine de déchéance de l'inscription de faux.

Art. 33. — Le délai pour l'inscription de faux contre le procès-verbal ne commencera à courir que du jour de la signification du jugement s'il a été rendu par défaut.

Art. 34. — Les moyens de faux proposés contre les procès-verbaux des préposés de la régie ne seront admis qu'autant qu'ils tendront à justifier les prévenus de la fraude ou contravention qui leur sont imputées.

CHAPITRE IV.

DES CONTRAINTES.

Art. 35. — La régie pourra employer contre les redevables en retard la voie de contrainte.

Art. 36. — La contrainte sera décernée par le directeur; elle sera visée et déclarée exécutoire sans frais par le juge de paix de la circonscription où est domicilié le redevable, ou par le magistrat qui en remplit les fonctions.

Ce magistrat ne pourra refuser de viser la contrainte pour être exécutée, à peine de répondre des valeurs pour lesquelles la contrainte aura été décernée.

Art. 37. — L'exécution de la contrainte ne pourra être suspendue que par une opposition formée par le redevable. Cette opposition sera portée dans la huitaine devant le tribunal civil de l'arrondissement de l'opposant.

CHAPITRE V.

Dispositions générales.

Art. 38. — La force publique sera tenue de prêter assistance aux préposés de la régie dans l'exercice de leurs fonctions.

Art. 39. — Toutes saisies du produit des droits, faites entre les mains des proposés de la régie ou dans celles de ses redevables seront nulles et de nul effet.

Art. 40. — Les redevables sur lesquels auraient été protestées, faute de paiement, les obligations souscrites par eux envers la régie, par suite de transactions ou de crédits obtenus, seront contraignables par corps.

Art. 41. — La prescription est acquise à la régie contre toutes demandes de restitution de droits, marchandises ou objets, et en dommages-intérêts après un délai révolu d'une année.

Elle est acquise aux redevables contre la régie, pour les droits que les préposés n'auraient pas réclamés dans l'espace d'un an, à compter de l'époque où ils étaient exigibles.

Art. 42. — Les contraventions pour fraude et les infractions aux dispositions des arrêtés et règlements sur la régie seront prescrites par l'absence de toute poursuite pendant un an, à compter du jour où elles auront été commises, conformément aux dispositions de l'article 640 du Code d'instruction criminelle.

Art. 43. — Les peines portées par les jugements rendus pour contravention aux arrêtés sur la régie seront prescrites après deux années révolues, du jour où la décision judiciaire aura acquis l'autorité de la chose jugée, conformément à l'article 339 du Code d'instruction criminelle.

Art. 44. — Les produits d'amendes, par suite de constatations faites par les préposés ou agents de la régie seront distribués comme suit :

Un cinquième entre tous les agents ou préposés assermentés de la régie à l'exclusion des fonctionnaires de cette même administration;

Un cinquième au saisissant, plus le tiers des objets confisqués ;

Le surplus sera acquis à la caisse coloniale.

Art. 45 — Dans le cas où des contraventions de même nature auront été désignées à l'autorité par des personnes étrangères à la régie, il leur sera accordé les deux tiers du produit des confiscations. Un cinquième seulement du produit des confiscations sera attribué à l'agent ou préposé de la régie qui aura fait la saisie sur les indications du dénonciateur; le surplus sera acquis à l'Administration.

Art. 46. — Tout préposé destitué ou démissionnaire sera tenu, sous peine d'y être contraint même par corps, de remettre à la régie, en quittant son emploi, sa commission, ainsi que les registres et autres effets dont il aura été chargé par la régie, et de rendre ses comptes.

TITRE II.

DE LA RÉPRESSION.

CHAPITRE PREMIER.

DE L'IMPORTATION.

Art. 47. — L'Administration de la colonie a seule le droit d'introduire de l'opium en Cochinchine.

Art. 48. — Quiconque introduira de l'opium dans la colonie, sous quelque forme que ce soit, sera considéré comme contrebandier et puni d'une amende de 20 piastres par chaque taël d'opium saisi en fraude, sans qu'elle puisse être inférieure à 20 piastres, si faible que soit cette quantité.

Il sera de plus condamné à un emprisonnement qui ne pourra être inférieur à quinze jours ni supérieur à trois ans.

L'évaluation des dommages-intérêts dûs à l'administration de la régie ne pourra être inférieure au montant de l'amende encourue.

En cas de récidive dans la même année, le minimum de l'emprisonnement ne pourra être inférieur à un an.

Les opiums et leur contenant seront confisqués, les objets servant à leur transport, tels que : charrettes, voitures, bœufs, buffles, chevaux, etc., les barques, embarcations, bateaux, jonques de mer, navires, etc., seront saisis pour garantir le paiement des condamnations pécuniaires lorsque la fraude sera imputable aux propriétaires desdits objets, aux conducteurs, gens de l'équipage, aux maîtres, patrons ou capitaines.

Art. 49. — Les voitures et les navires affectés à un service public de messageries ne sont pas compris dans les dispositions qui précèdent, mais leurs propriétaires n'en demeurent pas moins responsables des faits de leurs préposés.

Art. 50. — Sont exceptés de la prohibition contenue en l'article 2, les opiums destinés aux usages de la pharmacie ou à être consommés en dehors des possessions françaises de la Cochinchine.

SECTION Ire. — DES OPIUMS DESTINÉS AUX USAGES DE LA PHARMACIE.

Art. 51. — Les pharmaciens au titre européen pourront seuls recevoir de l'opium brut, en extrait ou sous forme de médicaments, en se conformant aux prescriptions suivantes :

Art. 52. — Les opiums bruts ou en extrait et les préparations pharmaceutiques à base d'opium expédiés à ces pharmaciens, devront être adressés à Saigon, et ils ne pourront être débarqués ailleurs que dans ce port, si ce n'est pour cause de fortune de mer.

Art. 53. — Les quantités d'opium brut ou en extrait devront être portées sur le manifeste du capitaine et placées dans une caisse spéciale.

Si l'expéditeur omet de faire porter sur le manifeste les opiums bruts ou en extrait expédiés à des pharmaciens européens, ces derniers, sauf leur recours contre lui, seront civilement responsables du préjudice qui pourrait être causé à la régie par suite de détournement ou d'un débarquement frauduleux dans la colonie.

Art. 54. — Le pharmacien destinataire devra, avant de faire opérer le débarquement de la marchandise prohibée, faire au bureau de la régie une déclaration exacte des quantités d'opium brut ou en extrait qui lui sont expédiées, le nom de l'expéditeur et le lieu d'origine des opiums.

Il sera tenu de représenter la facture d'envoi à l'appui de sa déclaration.

Art. 55. — Si l'Administration estime que les quantités d'opium brut ou en extrait excèdent un approvisionnement de trois mois, elle aura le droit de faire déposer l'excédant dans son entrepôt, et les opiums ne seront délivrés au destinataire qu'au fur et à mesure de ses besoins.

Aucune réclamation ne sera admise contre les appréciations de l'Administration, lorsqu'il sera démontré qu'elle a autorisé la délivrance au destinataire d'une quantité d'opium suffisante pour satisfaire à ses besoins hebdomadaires; en cas de contestation, le Gouverneur prononcera seul et sans recours.

Art. 56. — Un permis de circulation indiquant les quantités d'opium brut ou en extrait sera délivré au pharmacien destinataire et devra accompagner la marchandise jusqu'à l'arrivée dans ses magasins.

Ce permis devra, à toute réquisition, être représenté aux préposés de la régie ou à tout agent de la force publique.

Art. 57. — Tout opium brut ou en extrait, introduit en Cochinchine par les pharmaciens européens sans s'être conformés aux prescriptions des articles 54, 55 et 56, sera considéré comme opium de contrebande, et les délinquants seront passibles des peines portées en l'article 48.

Art. 58. — L'Administration aura toujours la faculté de faire surveiller l'emploi des quantités d'opium introduites par les pharmaciens.

Art. 59. — Ils seront tenus, sur la réquisition du pharmacien chimiste attaché au service de la bouillerie, de lui présenter les opiums et les préparations à base d'opium existant dans leur magasin ou dans leur pharmacie; ils devront également, s'il le demande, lui communiquer leurs livres ou toutes autres pièces pouvant justifier l'emploi de l'opium dont le manquement aura été constaté.

Art. 60. — Tout refus de la part d'un pharmacien de laisser procéder aux vérifications prescrites par l'article qui précède, sera puni d'une amende de 50 à 100 piastres.

Art. 61. — Dans la première quinzaine du mois de janvier 1882 il sera dressé, en présence du pharmacien de la régie, un état des opiums bruts et des préparations pharmaceutiques à base d'opium existant chez les pharmaciens.

Si le stock des opiums bruts ou en extrait est trop considérable, l'administration de la régie pourra en faire déposer telle quantité qu'elle jugera convenable dans son entrepôt. Il sera délivré récépissé au déposant des quantités déposées.

SECTION II. — DE L'OPIUM EN TRANSIT.

Art. 62. — Le transit de l'opium à travers les possessions françaises en Cochinchine est permis.

On ne pourra toutefois faire transiter des quantités moindres d'une caisse de la dimension usitée dans le commerce.

Art. 63. — L'opium ne pourra être introduit en Cochinchine que par mer et dans le seul port de Saigon, sauf le cas où, par fortune de mer, il y aurait nécessité de débarquer ailleurs.

Art. 64. — L'opium pourra être exporté par mer et par terre, mais par les seuls points suivants : Saigon, Cangiou, Chaudoc et Tanchâu.

Art. 65. — Tout capitaine de navire ayant à son bord de l'opium devra en faire de suite la déclaration à l'administration de la régie, à peine d'être considéré comme contrebandier et puni comme tel.

Il devra ne permettre le débarquement de l'opium ainsi déclaré que sur le vu d'un permis de débarquement délivré par la régie, et ce, sous la même peine que ci-dessus.

Dans le cas de l'exception prévue en l'article 63, le capitaine naufragé ou en avaries devra faire aux autorités du lieu la déclaration ci-dessus prescrite, et l'opium, mis immédiatement sous séquestre, sera déposé au bureau de la régie.

Il sera dressé du tout un procès-verbal qui indiquera le nombre et l'état extérieur des caisses, un double de ce procès-verbal restera entre les mains du capitaine et vaudra récépissé.

Art. 66. — Au débarquement, l'opium devra être présenté au bureau de la régie par le capitaine ou le destinataire.

Les caisses seront scellées, numérotées et marquées par les préposés de la régie, en présence du capitaine ou du destinataire, mention de l'accomplissement de cette formalité sera faite sur un registre spécial tenu par la régie.

Cette mention contiendra l'indication du nombre de caisses, de leur poids, leur numéro d'ordre, la date de l'arrivée du navire importateur, le lieu de provenance, celui de destination, le nom de l'expéditeur et celui du destinataire.

Cette mention sera signée par le déclarant et par le préposé de la régie.

Art. 67. — Après l'accomplissement des formalités ci-dessus, il sera délivré au propriétaire ou à son représentant un permis de circulation si l'opium doit être réexporté sans délai.

Art. 68. — Le permis de circulation portera le nom du propriétaire, le nombre des caisses d'opium et leur poids total. Il indiquera également la route qui devra être suivie et le point de sortie du territoire français ; il mentionnera le délai dans lequel le transit devra être effectué. Ce permis devra accompagner la marchandise et être représenté, à toute réquisition, aux préposés de la régie et à tout agent ou fonctionnaire de l'autorité ayant qualité pour constater les contraventions au présent arrêté, à peine d'une amende de 20 à 50 piastres.

L'administration pourra même faire suivre la marchandise, par ses préposés, aux frais du destinataire.

Art. 69. — Si la réexportation doit s'opérer par le même navire, l'administration de la régie pourra faire placer les opiums dans un endroit spécial du bâtiment, y apposer les scellés et prendre telles mesures qu'elle jugera à propos pour prévenir tout débarquement en fraude de ses droits.

Elle pourra même, si elle le juge nécessaire, ordonner que les opiums seront entreposés dans ses magasins jusqu'au départ du bâtiment.

Si la réexpédition ne doit pas s'opérer par le même navire et n'a pas lieu de suite, les opiums devront être entreposés dans les magasins de la régie.

Art. 70. — Les passagers embarqués à bord d'un bâtiment faisant escale à Saigon ou dans un port quelconque de la colonie, ne pourront descendre à terre avec de l'opium, sous quelque forme et en si faible quantité que ce soit, sous peine d'être considérés comme contrebandiers et punis comme tels.

Le capitaine devra, en pénétrant dans les eaux de la colonie, prévenir les passagers de cette prohibition, sous peine d'être déclaré responsable des conséquences de l'infraction qui pourrait y être faite.

Art. 71. — Si un passager est obligé de débarquer pour continuer sa route sur un autre bâtiment, ou pour tout autre motif, il devra remettre tout l'opium dont il est détenteur au capitaine, qui en fera le dépôt à la régie, en se conformant aux prescriptions énumérées aux articles 65 et 66.

Cet opium sera remis au passager par la régie lorsqu'il quittera la colonie.

Art. 72. — Tout passager, tout individu embarqué à quelque titre que ce soit sur un navire passant ou stationnant dans les eaux de la colonie, qui aura vendu ou donné gratuitement de l'opium à une personne étrangère au bord, sera puni comme contrebandier des peines prévues en l'article 48.

Celui qui aura acheté ou reçu en cadeau l'opium subira la même peine.

Art. 73. — Les droits de scellage, de permis de débarquement et de circulation, les frais d'entrepôt seront déterminés par un arrêté ultérieur. L'Administration conservera les opiums jusqu'à l'acquittement des droits, et, s'ils ne sont pas retirés dans un délai de six mois, ils seront confisqués à son profit.

Art. 74. — En arrivant à la limite des possessions françaises, le transitaire représentera la marchandise transitée aux préposés de la régie.

Si les colis et les scellés sont trouvés intacts, le préposé de la régie en permettra la sortie en faisant sur les colis, au crayon ou à la craie, une marque particulière, et il retirera au transitaire son permis de circulation.

Si les colis ont été ouverts ou si les scellés ne sont pas intacts, il en opérera la saisie et dressera procès-verbal contre le transitant, qui sera poursuivi et puni comme contrebandier, à moins qu'il ne prouve que le fait ne peut lui être imputé. Dans ce cas seulement, il ne serait que civilement responsable du montant de l'amende encourue et des dommages-intérêts dûs à la régie.

CHAPITRE II.

DE LA FABRICATION ET DE LA VENTE DE L'OPIUM.

Art. 75. — La régie a le monopole de la fabrication et de la vente de l'opium dans toutes les possessions françaises de la Cochinchine.

Art. 76. — L'Administration pourra livrer à la consommation telle quantité d'opium bouilli qui lui conviendra et établir pour son débit autant d'entrepôts, de bureaux de vente, et autant de fumeries qui lui paraîtront nécessaires.

Art. 77. — Tout colportage, toute vente ou cession à titre gratuit d'un opium autre que celui de la régie, sera puni d'une amende de 100 piastres à 500 piastres et d'un emprisonnement de quinze jours à trois ans.

Quiconque en sera trouvé détenteur sera puni de la même peine; le minimum de l'amende pourra toutefois être réduit jusqu'à 20 piastres, et l'emprisonnement jusqu'à huit jours.

Art. 78. — Toute vente de l'opium de la régie par une personne non autorisée sera punie d'une amende de 100 à 500 piastres et d'un emprisonnement de huit jours à trois ans, ou de l'une de ces deux peines seulement. Mais, en cas de récidive dans la même année, la peine de l'emprisonnement devra être appliquée. Les opiums saisis en fraude, les ustensiles servant à la fabrication et les objets contenant l'opium seront confisqués.

Art. 79. — Il est interdit à tout individu d'avoir en sa possession plus de deux taëls de dross (détritus d'opium déjà fumé), sous peine d'une amende de 50 à 100 piastres et de cinq jours à un mois de prison, ou de l'une de ces deux peines seulement.

La régie s'engage à acheter le dross d'après un tarif qui sera affiché et publié.

SECTION Ire. — DES ENTREPOTS.

Art. 80. — Les entrepôts pourront être administrés directement par la régie ou établis chez des particuliers qu'elle aura choisis à cet effet.

Art. 81. — Les entreposeurs, à quelque titre que ce soit, ne pourront détenir ni mettre en vente un autre opium que celui de la régie, à peine de révocation et d'être poursuivis comme contrebandiers. L'amende portée en l'article 48 sera doublée et le minimum de l'emprisonnement ne pourra être inférieur à un mois.

Les opiums et leur contenant seront confisqués.

Art. 82. — Il est interdit aux entreposeurs, sous peine d'une amende de 100 à 500 piastres, de vendre de l'opium au détail. L'opium devra être livré par eux au public en pots cachetés et revêtus des marques de la régie.

Art. 83. — Les entreposeurs non fonctionnaires publics pourront être autorisés par l'Administration à tenir un autre genre de commerce en se conformant aux arrêtés en vigueur sur les patentes.

Art. 84. — Tout entreposeur qui aura décacheté les pots d'opium de la régie, mêlé à l'opium des substances de quelque nature qu'elles soient, ou contrefait les marques de la régie, sera puni d'une amende de 100 à 500 piastres et d'un emprisonnement de trois mois à trois ans, sans préjudice des peines prévues par le Code pénal, dans le cas de faux ou d'un mélange nuisible à la santé.

Art. 85. — Les entreposeurs devront, à peine d'une amende de 5 à 20 piastres pour chaque infraction, se conformer aux instructions prises par le directeur de la régie; dans l'intérêt du service, ces amendes seront prononcées administrativement par le directeur de la régie, sauf appel devant le Gouverneur.

Tout entreposeur qui sera convaincu d'avoir vendu l'opium au-dessus du prix fixé par l'Administration, sera puni d'une amende de 100 à 500 piastres et d'un emprisonnement de huit jours à six mois.

SECTION II. — DES DÉBITANTS.

Art. 86. — Les personnes qui voudront se livrer à la vente au détail de l'opium ou ouvrir une fumerie devront se pourvoir d'une licence.

Art. 87. — Cette licence pourra être accordée à toute personne majeure dont la moralité aura été reconnue, et qui pourra fournir deux garants solvables ou un cautionnement dont l'importance sera déterminée par l'Administration.

Art. 88. — En cas de condamnation contre le débitant, la régie aura, pour le recouvrement des amendes et des dommages-intérêts, son recours contre les cautions ou un privilége sur le cautionnement qui aura été déposé.

Art. 89. — Le débitant pourra vendre l'opium en pots revêtus des marques de la régie, ou au détail.

Lorsqu'il ouvrira un pot d'opium pour le détail, il devra laisser subsister sur le pot les marques de la régie.

Art. 90. — Tout opium de la régie qui serait trouvé chez un débitant dans des pots autres que ceux de la régie, ou dans des pots dépouillés de la marque officielle, sera confisqué et le contrevenant puni d'une amende de 20 à 100 piastres.

En cas de récidive dans la même année, il sera puni du maximum de la peine et sa licence pourra lui être retirée.

Art. 91. — Tout débitant qui aura vendu un opium autre que celui de la régie, ou qui y aura mêlé quelque substance de quelque nature que ce soit, sera puni d'une amende de 100 à 500 piastres et d'un emprisonnement de quinze jours à trois ans.

Les opiums de contrebande ou altérés seront confisqués ainsi que leurs contenants.

Art. 92. — Le débitant qui aurait contrefait la marque de la régie sera puni des peines portées en l'article 84; la licence lui sera retirée.

Art. 93. — Le débitant qui s'opposerait aux visites ou vérifications de l'autorité sera puni d'une amende de 50 à 200 piastres.

Art. 94. — Tout débitant, à peine d'une amende de 50 à 100 piastres, ne pourra s'approvisionner qu'à l'entrepôt qui sera désigné par la régie.

Art. 95. — Il lui sera délivré à ses frais, par l'Administration, un livret spécial sur lequel seront portées par l'entreposeur, au fur et à mesure des livraisons, les quantités d'opium qui lui auront été vendues à l'entrepôt. Chaque mention sera signée de l'entreposeur.

Art. 96. — Ce livret restera en la possession du débitant et lui servira de permis de circulation. Il devra le représenter à toute réquisition de l'autorité, à peine d'une amende de 50 à 100 piastres.

Art. 97. — Chaque débitant devra, sous les mêmes peines, tenir un carnet indiquant jour par jour la quantité de pots consommés.

Art. 98. — Le débitant est responsable des contraventions au présent arrêté commises par ses préposés ou par ceux qu'il emploie.

SECTION III. — DES FUMERIES.

Art. 99. — Tout débitant aura le choix d'ouvrir une fumerie d'opium; ceux qui useront de cette faculté devront en faire la déclaration à la régie.

Art. 100. — Ils ne pourront vendre que de l'opium dans l'intérieur de la fumerie. Le local affecté à la fumerie ne pourra servir à aucun autre usage.

Art. 101. — Il en défendra l'entrée à toute personne qui porterait des armes apparentes ou cachées.

Art. 102. — Il est expressément défendu au maître de maison d'opium de recevoir dans son établissement ou des femmes ou des enfants au-dessous de vingt ans et des Européens.

Art. 103. — Toute infraction aux articles 100, 101 et 102, sera punie d'une amende de 25 à 50 piastres.

Art. 104. — Le maître de la maison est personnellement responsable des contraventions au présent arrêté commises dans son établissement.

Art. 105. — Il doit empêcher tout tumulte parmi les personnes qui fréquentent sa maison, et il fait expulser ou arrêter par la police toutes celles qui contreviennent aux règlements de la maison.

Art. 106. — Tout agent de la force publique, tout préposé de la régie pourra, à quelque moment du jour ou de la nuit que ce soit, entrer et circuler dans l'établissement et y faire toutes les visites qu'il jugera nécessaires.

Art. 107. — Les maîtres de maison d'opium qui auraient refusé de se soumettre aux visites des agents sus-mentionnés ou qui tenteraient de soustraire à leur surveillance et vérification un fait contraire aux prescriptions du présent arrêté, seront condamnés, nonobstant la suite à donner aux procès-verbaux, à une amende de 50 à 200 piastres.

Dispositions générales.

Art. 108. — L'article 463 du Code pénal n'est pas applicable aux peines prévues par le présent arrêté.

Art. 109. — Le présent arrêté sera mis en vigueur à partir du 1er janvier 1882; il ne sera définitivement exécutoire qu'après l'approbation du Ministre de la marine et des colonies.

Art. 110. — Sont abrogées toutes dispositions antérieures ayant pour objet la réglementation du commerce de l'opium en Cochinchine.

Art. 111. — Le Directeur de l'intérieur et le Procureur général sont chargés, chacun en ce qui le concerne, de l'exécution du présent arrêté, qui sera enregistré et publié partout où besoin sera.

Saigon, le 7 novembre 1881.

LE MYRE DE VILERS.

Par le Gouverneur :

Le Directeur de l'intérieur,
BÉLIARD.

Le Procureur général,
A. BERT.

Le Gouverneur de la Cochinchine française, officier de la Légion d'honneur et de l'Instruction publique,

Vu le décret du 10 janvier 1863, sur les pouvoirs du Gouverneur dans la colonie;

Vu le décret du 30 janvier 1867, sur les pouvoirs en matière de taxes et de contributions;

Vu la délibération du Conseil colonial, en date du 13 décembre 1881, portant suppression de la ferme des eaux-de-vie de riz et établissant la régie pour le recouvrement des impôts sur les alcools;

Considérant qu'il importe de réglementer à nouveau tout ce qui est relatif à la fabrication des alcools et à la perception des droits en cette matière; qu'il y a lieu également de prendre les mesures nécessaires pour réprimer la fraude qui pourrait se produire au préjudice de l'Administration;

Sur la proposition du Directeur de l'intérieur,

ARRÊTE :

TITRE PREMIER.

SECTION Ire.

Des distillateurs.

Article premier. — Il ne pourra être établi aucune distillerie dans toute l'étendue des possessions françaises en Cochinchine, sans l'autorisation de l'Administration.

Art. 2. — Les distillateurs seront assujettis à une licence dont le montant sera fixé par l'autorité compétente.

Art. 3. — La licence ne sera valable que pour un seul établissement et ne pourra être accordée pour une durée moindre d'une année.

Le droit sera payé par semestre et sera dû pour le semestre, quelle que soit l'époque à laquelle la licence aura été délivrée.

Art. 4. — Les distilleries devront être établies dans les localités qui seront déterminées par l'Administration.

Le local affecté à la distillerie, ainsi que les magasins servant d'entrepôts pour les substances en macération et pour les eaux-de-vie, devront être parfaitement clos. Ils seront en outre réunis dans le même établissement ou dans la même enceinte, de manière à rendre possible la surveillance du préposé de la régie.

Art. 5. — Le distillateur sera tenu de faire sceller toute porte de communication de sa distillerie ou de ses magasins avec les maisons voisines autres que celles de sa maison d'habitation.

La porte du magasin servant d'entrepôt pour les substances en macération et pour les eaux-de-vie devra être munie d'une double serrure; une clef restera entre les mains du propriétaire de l'établissement, l'autre sera remise au préposé de la régie, qui l'en aidera à toute réquisition.

Art. 6. — Au moment d'être placées dans les cuves à macération, les substances à distiller seront pesées par le préposé de la régie.

Le nombre de récipients ou cuves à macération sera constaté par le préposé de la régie, qui inscrira sur chacun d'eux un numéro d'ordre avec l'indication de sa capacité, qui sera reconnue par l'empotement; les fabricants fourniront l'eau et les ouvriers nécessaires à l'opération.

Il ne pourra être placé dans la distillerie aucun autre récipient ou cuve à macération, aucune chaudière, sans que le préposé de la régie en ait été informé et sans que la capacité en ait été reconnue, à peine de 100 à 200 piastres d'amende pour le distillateur.

Art. 7. — Le préposé de la régie tiendra note de toutes ces constatations sur un carnet à ce destiné.

Le distillateur devra avoir un registre coté et paraphé par le juge de paix ou l'administrateur de l'arrondissement, et les préposés y consigneront les résultats des actes inscrits à leurs portatifs.

2.

Art. 8. — Le distillateur qui, hors la présence du préposé de la régie, aura introduit dans son établissement des substances macérées, ou qui aura mis en activité les cuves servant à la macération, sera puni d'une amende de 50 à 200 piastres.

En cas de récidive, le maximum de l'amende sera appliqué.

Art. 9. — Le distillateur ne pourra, sous les mêmes peines, faire aucune addition à la substance mise en fermentation.

Il devra aussi faire connaître au préposé de la régie le moment où le feu sera allumé et éteint.

Art. 10. — Le produit de la distillerie sera pesé chaque soir par le préposé de la régie, avant d'être emmagasiné.

Le fabricant sera responsable des quantités manquantes à l'égard de la régie.

Il lui sera néanmoins tenu compte d'une déduction de 2 p. 100 pour coulage ou évaporation.

Les vases ou autres objets destinés à recevoir les alcools à leur entrée dans la fabrique seront pesés et tarés par les soins du préposé, en présence du propriétaire ou de son représentant.

Ils porteront à la peinture la marque de la régie et l'indication de la tare.

Toute altération ou imitation des marques faites par la régie sera punie d'une amende de 100 à 200 piastres.

La même peine sera applicable au distillateur qui aura introduit dans sa fabrique des vases ou récipients quelconques, sans les avoir déclarés au préposé de la régie et avant l'accomplissement des formalités de pesage et de la marque.

Art. 11. — Le distillateur devra être muni d'une bascule à la romaine.

Il pourra être adopté par la régie, d'accord avec le distillateur, tel autre mode de vérification qui sera jugé convenable.

Toute manœuvre, toute déclaration mensongère pour fausser les opérations de pesage ou de tout autre mode de vérification, sera punie d'une amende de 50 à 200 piastres.

Art. 12. — Quiconque, sans y avoir été autorisé, se livrera dans la colonie à la fabrication des eaux-de-vie ou de tous autres spiritueux, sera puni d'une amende de 500 à 1,000 piastres et d'un emprisonnement de 15 jours à 3 ans, ou l'une de ces deux peines seulement. En cas de récidive dans la même année, la peine de la prison sera toujours appliquée.

Les ustensiles servant à la fabrication, les substances en macération, les alcools et leurs contenants seront saisis et confisqués au profit de la régie.

Art. 13. — Le distillateur ne pourra vendre au détail dans son établissement et il ne pourra être établi aucun débit dans un périmètre de 500 mètres auprès de la distillerie.

Sera considérée comme faite au détail toute vente d'une quantité d'alcool inférieure à 10 litres.

Art. 14. — Toute infraction à l'article qui précède sera punie d'une amende de 100 à 500 piastres.

Les alcools mis en vente, ainsi que leurs contenants, seront saisis et confisqués.

Art. 15. — Indépendamment du prix de la licence, le distillateur devra acquitter les droits de fabrication tels qu'ils seront fixés par l'autorité compétente,

Ces droits seront dûs au moment de la sortie des alcools de l'établissement.

Art. 16. — Le distillateur qui fera ou tentera de faire sortir de son établissement des alcools sans les avoir au préalable déclarés au préposé de la régie pour la perception des droits, sera puni du double-droit et d'une amende de 100 à 500 piastres.

Les alcools saisis en fraude seront confisqués, ainsi que leurs contenants.

Sera considéré comme ayant tenté de faire sortir les alcools en fraude des droits de la régie le distillateur qui les passerait par une porte ou une ouverture autre que celle qui sera indiquée par le préposé de la régie et sur laquelle devra être inscrit en gros caractères le mot *sortie*.

Art. 17. — Les distillateurs pourront avoir, avec la régie des contributions indirectes et pour la perception des droits constatés à leur charge, un compte ouvert qui sera réglé et soldé à la fin de chaque quinzaine ou de chaque mois à la caisse de l'entreposeur.

L'Administration pourra exiger des distillateurs une garantie de deux cautions qui devront être agréées par le directeur des contributions indirectes.

Les approvisionnements des substances à distiller, les alcools en magasins, ainsi que les ustensiles servant à la distillation, seront de plus affectés par privilége à l'acquittement des droits dûs à la régie.

Art. 18. — A moins d'une autorisation spéciale de l'Administration, ou de force majeure, la distillerie devra fonctionner, avec les moyens d'action ordinaires, au moins 25 jours par mois, à raison de huit heures minimum par jour, et ce à peine d'une amende de 1 piastre par heure, sans pouvoir toutefois excéder 5 piastres par jour.

Le distillateur qui voudra cesser son industrie devra prévenir l'administration de la régie au moins trois mois à l'avance, et retirer un certificat de sa déclaration, faute de quoi il paiera les droits du trimestre commencé sur la base du trimestre précédent.

Art. 19. — La régie pourra, si elle le juge convenable, consentir de gré à gré, avec les distillateurs, un abonnement général pour le montant des droits de fabrication dont il seront présumés passibles.

Cet abonnement sera évalué d'après la capacité et le nombre des cuves ou récipients servant à la macération et d'après la contenance des chaudières, après des essais et des expériences reconnus suffisants.

Les abonnements consentis par la régie ne seront définitifs qu'après l'approbation du Gouverneur, en Conseil.

Art. 20. — Pendant toute la durée de l'abonnement, le distillateur ne pourra accroître les moyens de fabrication, soit en augmentant le nombre et la capacité des chaudières, soit de toute autre manière.

Art. 21. — En cas de fraude, l'abonnement sera immédiatement révoqué par le directeur des contributions indirectes, et le distillateur sera tenu de payer le double de l'abonnement du mois précédent.

Art. 22. — L'abonnement sera payé par quinzaine et d'avance à la caisse de l'entreposeur.

Il ne pourra être consenti que pour la durée d'une année.

Art. 23. — Les distillateurs qui auront obtenu un abonnement n'en seront pas moins soumis aux visites et vérifications des employés de la régie et tenus de leur ouvrir à toute réquisition leurs distilleries, magasins, maisons et entrepôts.

Art. 24. — Les fabricants pourront être autorisés à établir dans la colonie des entrepôts pour faciliter l'écoulement de leurs produits.

Ils seront assujettis à une licence de marchands en gros pour chacun de ces établissements.

SECTION II.

Des marchands en gros.

Art. 25. — Les marchands en gros d'alcools ou autres spiritueux fabriqués dans la colonie, seront assujettis à une licence pour chacun de leurs établissements.

Art. 26. — Toute vente au-dessous de 10 litres leur est interdite, à peine d'une amende de 50 à 200 piastres.

Ils ne pourront établir aucun débit dans leurs établissements.

Art. 27. — Les distillateurs et les marchands en gros devront tenir un registre sur lequel ils inscriront, au fur et à mesure des livraisons, la quantité d'alcool vendue et le nom des acheteurs, avec indication de leur résidence.

Art. 28. — Toute omission ou mention frauduleuse sur la quantité des alcools vendus sera punie d'une amende de 50 à 200 piastres.

Art. 29. — L'acheteur ne pourra, à peine d'une amende de 25 à 100 piastres, enlever la marchandise sans s'être au préalable muni d'un laissez-passer ou permis de circulation qui lui sera délivré par le préposé de la régie ou, à défaut, par les notables du village qui auront été chargés de ce soin.

Ce laissez-passer, qui devra être représenté à toute réquisition aux agents de l'autorité, indiquera les noms des vendeurs et de l'acheteur, leurs résidences, la quantité et le degré de l'alcool mis en circulation.

Le laissez-passer indiquera la route à suivre et le délai dans lequel le transport devra être effectué.

Outre les peines encourues par le contrevenant, les alcools et leurs contenants seront confisqués, ainsi que tous les animaux et objets servant au transport.

SECTION III.

Des débitants.

Art. 30. — Quiconque voudra exercer la profession de débitant sera tenu de se munir d'une patente dont la classe et le droit seront déterminés par l'autorité compétente.

Art. 31. — Tout individu qui aura débité de l'alcool sans être muni de la licence réglementaire sera puni d'une amende de 50 à 200 piastres et d'un emprisonnement de 15 jours à 3 ans, ou de l'une de ces deux peines seulement.

La licence ne sera valable que pour un seul établissement.

Art. 32. — Tout débitant devra, à peine de 5 à 10 piastres d'amende, tenir sa licence constamment affichée dans l'endroit le plus apparent de son établissement.

Art. 33. — Il sera délivré par l'administration de la régie, à chaque débitant et à ses frais, un livret sur lequel seront portées, au fur et à mesure des opérations, les quantités d'alcools achetées soit chez le distillateur, soit chez le marchand en gros.

Chaque mention sera visée par le préposé de la régie ou par les notables du village où le marché a été conclu et la marchandise livrée.

Ce livret restera en la possession du débitant et devra accompagner la marchandise, indépendamment du permis de circulation prescrit par l'article 29.

Art. 34. — Toute infraction aux dispositions de l'article qui précède sera punie d'une amende de 25 à 100 piastres.

Dispositions générales.

Art. 35. — Quiconque sera trouvé porteur ou détenteur d'une quantité d'alcool ou autres spiritueux fabriqués dans la colonie, supérieure à 5 litres, sans pouvoir en indiquer la provenance légitime, sera puni d'une amende de 25 à 500 piastres et d'un emprisonnement de 8 jours à 3 ans, ou de l'une de ces deux peines seulement ; les alcools saisis en fraude seront confisqués. Au-dessus de 10 litres, la justification devra toujours être faite par écrit.

Art. 36. — Il ne pourra être mis en vente aucun alcool au-dessous de 40 degrés, à peine d'une amende de 25 à 500 piastres.

Le degré sera pris à la température moyenne des liquides.

Les eaux-de-vie ou esprits inférieurs en degré et ceux dont la densité aurait été altérée par un mélange opéré dans le but d'enfreindre cette prohibition, seront en outre saisis et confisqués, sans préjudice des dommages et intérêts, s'il y a lieu.

TITRE II.

SECTION Ire.

De l'importation.

Art. 37. — Les eaux-de-vie, les fruits confits à l'alcool, les spiritueux de toute nature fabriqués hors de la colonie, seront, à leur introduction dans les possessions françaises en Cochinchine, assujettis à un droit d'entrée qui sera déterminé par l'autorité compétente.

Art. 38. — Sauf le cas de fortune de mer, l'importation des eaux-de-vie et autres spiritueux ne pourra avoir lieu que par les ports de Saigon, Mytho, Camau, Rachgia et Hatien.

Art. 39. — Dans les vingt-quatre heures de l'arrivée et avant toute opération, le capitaine, maître ou patron devra présenter son manifeste au port de commerce et y faire, entre les mains du préposé de la régie, une déclaration indiquant toutes les quantités d'alcool embarquées à son bord, avec désignation de leurs provenances et de leurs propriétaires ou destinataires.

Art. 40. — Les quantités embarquées à son bord, même par des passagers, ou qui n'auraient pas été portées sur le manifeste, devront être comprises dans la déclaration du capitaine.

Toutefois, si la quantité des alcools ou eaux-de-vie embarqués est inférieure à 24 litres et a été embarquée à son insu et à celui des gens de l'équipage, le capitaine ne pourra être responsable du défaut de déclaration.

Art. 41. — Aucun débarquement d'alcool ne pourra s'effectuer qu'en présence du préposé de la régie.

Les droits devront être acquittés sur-le-champ à la caisse de la régie, après vérification, sinon les alcools seront entreposés dans ses magasins.

L'entrepôt des alcools ne sera autorisé qu'à Saigon.

Art. 42. — Si, pour la vérification, il y a lieu de déplacer les alcools, ces déplacements et autres opérations seront faits au compte du propriétaire ou destinataire de la marchandise.

Art. 43. — Dans le cas où il y aurait lieu d'entreposer la marchandise, un bulletin de dépôt, détaché d'un registre à souche, sera délivré au déposant.

Art. 44. — La conservation des liquides entreposés et tous les soins qu'ils peuvent exiger sont à la charge des entrepositaires. L'administration ne prend aucune part à la manutention des marchandises; sa mission est seulement de maintenir le bon ordre dans l'entrepôt et de prendre toutes les précautions convenables pour la sûreté de l'établissement.

Elle n'est responsable, envers les entrepositaires, que des altérations ou avaries qui seraient provenues du fait de ses agents ou des mauvaises conditions des magasins.

Art. 45. — Les droits d'entrepôt seront déterminés par l'autorité compétente.

Si le dépôt se prolonge au-delà de six mois et que le montant des sommes dues à la régie excède les deux tiers du prix des marchandises, d'après les mercuriales, le propriétaire pourra être mis en demeure d'en opérer le retrait dans la quinzaine, faute de quoi elles seront, après ce délai et sans autres formalités, vendues aux enchères publiques par l'intermédiaire d'un courtier.

Le prix en provenant sera affecté à l'acquittement des droits; l'excédant, s'il y en a, sera remis au propriétaire, déduction faite des frais.

Art. 46. — Dans les cas de fortune de mer, la déclaration prescrite par l'article 39 sera faite à l'autorité du lieu le plus voisin, qui sera tenue de prévenir sur-le-champ les préposés de la régie de la circonscription.

L'administration prendra telles mesures qu'elle jugera convenables pour la surveillance des alcools, et le capitaine sera tenu d'obtempérer aux réquisitions de ses agents, à moins qu'il ne préfère acquitter les droits dûs sur-le-champ.

Art. 47. — Le capitaine, maître ou patron, et toute personne qui aura introduit de l'alcool dans la colonie sans en avoir fait la déclaration, sera punie d'une amende de 25 à 100 piastres, si la quantité est inférieure à 24 litres, et de 500 à 1,000 piastres, si elle lui est supérieure. Le coupable pourra être, de plus, condamné à un emprisonnement de 15 jours à 3 ans.

Les alcools et leurs contenants seront saisis et confisqués.

Les barques, bateaux et navires seront saisis en garantie du paiement des condamnations et dommages-intérêts.

SECTION II.

Du transit.

Art. 48. — Le transit des alcools ou autres spiritueux fabriqués hors de la colonie, sur le territoire des possessions françaises, à destination du Cambodge, ne pourra s'opérer qu'à la charge par les transitaires de payer les droits de transit et autres qui pourront être déterminés par l'autorité compétente.

Art. 49. — Si ces droits sont inférieurs à ceux fixés pour l'importation, le transitaire devra s'engager à représenter à la régie, dans un délai déterminé, la marchandise à sa sortie de la colonie ou à son arrivée à destination, et se soumettre à payer, à défaut de cette justification, le double de ces droits.

Il devra, en outre, donner caution solvable qui s'obligera, solidairement avec lui, de faire cette représentation, si mieux il n'aime consigner le double-droit.

Art. 50. — Un acquit à caution devra accompagner la marchandise, et il sera déchargé, après la représentation de la marchandise au préposé de la régie à sa sortie de la colonie, et au délégué du Protectorat français à son arrivée à Phnum-penh.

Le fonctionnaire, qui aura signé un certificat de décharge, sera tenu d'en délivrer un duplicata chaque fois qu'il en sera requis.

Art. 51. — Le certificat de décharge ne pourra être délivré pour les marchandises qui seront représentées après le délai fixé par l'acquit à caution, ni pour celles qui ne seraient pas de l'espèce y énoncée.

Dans ces deux cas, les marchandises seront saisies comme n'étant pas accompagnées d'une expédition valable, et il sera dressé procès-verbal de cette contravention, conformément à la loi.

Art. 52. — Lorsqu'il y aura seulement différence dans la quantité et qu'il sera reconnu que cette différence provient de substitution et addition ou soustraction, l'acquit à caution sera déchargé pour la quantité représentée; le transitaire sera tenu, aux termes de sa soumission, de payer le double-droit pour la quantité manquant; si la différence est en plus, il sera tenu d'acquitter sur l'excédant le double des mêmes droits.

SECTION III.

De la réexportation.

Art. 53. — La réexportation, pour tous les pays autres que le Cambodge, ne pourra s'opérer que par mer et par le port de Saigon.

Art. 54. — Les alcools destinés à la réexportation seront, après les déclarations prescrites par les articles 39 et 40 qui précèdent, entreposés jusqu'à leur réembarquement, s'il y a nécessité de les débarquer et de les conserver à terre quelque temps.

Dans le cas de transbordement, cette opération ne pourra s'opérer qu'en présence d'un préposé de la régie.

Art. 55. — Dans le cas où la réexpédition se ferait par le même navire, l'administration de la régie est autorisée à prendre telles mesures qu'elle jugera convenables pour éviter le débarquement de la marchandise en fraude de ses droits.

Elle pourra, dans tous les cas, placer à bord un préposé qui suivra la marchandise jusqu'à la sortie du territoire français, aux frais du propriétaire.

TITRE III.

De la constatation. — Des visites et perquisitions.

Art. 56. — Les constatations, visites ou perquisitions, seront faites conformément aux dispositions contenues au titre Ier de l'arrêté du 7 novembre 1881.

Seront d'ailleurs observées pour le surplus toutes les autres dispositions de ce titre, jusques et y compris l'article 46.

Art. 57. — Les distillateurs, les marchands en gros et les débitants seront soumis, de nuit comme de jour, aux visites et vérifications des employés de la régie.

Ils sont responsables pécuniairement des infractions commises, par leurs employés ou préposés, aux dispositions du présent arrêté.

Art. 58. — En cas de soupçon de fraude à l'égard des particuliers non sujets à l'exercice, les visites et vérifications ne pourront avoir lieu que le jour, de 6 heures du matin à 6 heures du soir.

Les marchandises transportées en fraude qui, au moment d'être saisies, seraient introduites dans une habitation pour les soustraire aux employés, pourront y être suivies par eux, même la nuit.

TITRE IV.

Dispositions transitoires.

Art. 59. — Les distillateurs d'alcool ou autres spiritueux devront faire dans le mois, au bureau de la régie de la circonscription, une déclaration de leur stock en magasin, faute de quoi ils seront passibles des peines édictées à l'article 35.

Art. 60. — Il leur sera accordé un délai de deux mois pour l'écoulement de leur approvisionnement; passé ce délai, ils devront acquitter, sur la quantité des alcools restant, les mêmes droits que le distillateur.

Art. 61. — Toutes dispositions antérieures au présent arrêté, sur la fabrication et l'importation des alcools dans la colonie, sont et demeurent abrogées.

Art. 62. — Le présent arrêté sera exécutoire par provision, à partir du 1er janvier 1882, et soumis à l'approbation du Ministre du commerce et des colonies.

Art. 63. — Le Procureur général et le Directeur de l'intérieur sont chargés, chacun en ce qui le concerne, de l'exécution du présent arrêté, qui sera publié et enregistré partout où besoin sera.

Saigon, le 19 décembre 1881.

LE MYRE DE VILERS.

Par le Gouverneur :

Le Directeur de l'intérieur,

Béliard.

ARRÊTÉS DU 9 SEPTEMBRE 1878.

Création d'un droit de sortie sur les riz exportés.

Le Contre-Amiral, Gouverneur et Commandant en chef,

Vu l'article 5 du décret du 10 janvier 1863 et l'article premier du décret du 30 janvier 1867, sur les pouvoirs du Gouverneur en matière de taxes et de contributions;

Vu l'arrêté, en date de ce jour, portant réduction d'impôt sur les rizières ;

Considérant qu'il est nécessaire de combler le déficit résultant de cette diminution, la colonie ayant besoin de toutes ses ressources ;

Considérant que la richesse de la colonie repose presque exclusivement sur la culture du riz ; que cette denrée est la seule matière imposable dont la colonie puisse tirer un revenu en rapport avec ses besoins ;

Considérant, en outre, qu'en raison des difficultés provenant de la nature du sol et de l'insalubrité du climat, le cadastre parcellaire n'a pu encore être fait en Cochinchine, et ne pourra l'être de longtemps ; d'où il résulte qu'une quantité considérable de rizières échappent à l'impôt foncier ; que le moyen le plus pratique de remédier à cet inconvénient est de frapper directement la production en établissement un droit de sortie sur les riz destinés à l'exportation ;

Vu les procès-verbaux de la commission spéciale nommée par décision du 30 mars 1878 ;

Sur la proposition du Directeur de l'intérieur,

Le Conseil privé entendu,

ARRÊTE :

TITRE PREMIER.

ÉTABLISSEMENT D'UN DROIT DE SORTIE SUR LES RIZ EXPORTÉS ; FIXATION DE CE DROIT ; DÉCLARATIONS ; VISITES ; LIQUIDATION ET PAIEMENT DES DROITS.

Article premier. — Il est établi un droit de sortie sur les riz et paddys exportés de la colonie, excepté pour le Cambodge par la voie du fleuve.

Art. 2. — Ce droit sera de cinquante-trois centimes et demi (dix cents) par chaque picul ou par 60 kilogr. 400 gr. de riz exporté.

Les paddys destinés à l'exportation seront assujettis aux 3/4 des droits du riz.

Tout mélange de riz et paddy sera considéré comme riz cargo.

Les déchets, brisures ou farines de riz sont exempts de droits, mais seront néanmoins déclarés.

Tout mélange de riz et de brisures sera considéré comme riz.

Art. 3. — Ce droit sera perçu suivant le poids net des riz ou paddys exportés énoncé dans la déclaration qui devra être faite au bureau de la régie établi dans chacun des ports de sortie.

Il sera tenu compte du poids des sacs : *pour les riz en simple emballage,* par la déduction de 1 p. 100 pour les riz emballés en gunnies et de 1 1/2 p. 100 pour ceux emballés en sacs de paille ; *pour les paddys en simple emballage,* par la déduction de 1 1/2 p. 100 pour les paddys emballés en gunnies et de 2 p. 100 pour ceux emballés en sacs de paille.

Cette taxe sera doublée lorsque les riz ou paddys seront en double emballage.

Art. 4. — Les barques, bateaux ou jonques de la mer annamites, chargés de riz ou de paddy pour l'exportation, ne pourront, à peine d'une amende de 100 francs à 1,000 francs contre les maîtres ou patrons et de la confiscation tant des riz saisis que desdits bateaux, barques ou jonques de mer, sortir que par l'un des ports suivants : Saigon, Mytho, Hatien, Rachgia et Camau.

Art. 5. — Les capitaines ou patrons des autres bâtiments ou navires ne pourront, sous les mêmes peines, faire leur chargement de riz ou de paddy qu'au port de sortie établi à Saigon.

Art. 6. — Les maîtres ou patrons des barques ou jonques de mer anna-mites chargées de riz ou de paddy devront se présenter au port de sortie le plus rapproché pour y faire leurs déclarations et y acquitter les droits.

Art. 7. — Des ports de sortie, ils devront se rendre à la mer, sous peine d'une amende de 100 francs à 1,000 francs, par la rivière de Saigon, le Cua-tieu et l'arroyo de Camau, ou directement de Rachgia et Hatien.

Art. 8. — Les maîtres ou patrons des barques, bateaux ou jonques de mer annamites, seront tenus, à peine d'une amende de 100 francs à 1,000 francs, de faire la déclaration prescrite par l'article 6 dans les 24 heures de leur arrivée dans les lieux où les bureaux sont établis, si elles arrivent chargées, ou dans les 24 heures qui suivront la fin de leur chargement, si elles ont chargé ou complété leur chargement au port de sortie.

Cette déclaration sera reçue sur le registre de la régie à ce destiné ; elle indiquera le poids total du riz ou du paddy exporté ; elle sera signée des déclarants ou mention sera faite de la cause qui les aura empêchés de signer.

A défaut de cette déclaration, ils pourront en présenter une contenant les mêmes énonciations, signée des marchands ou propriétaires de la mar-chandise ou de leurs commis, laquelle déclaration demeurera au bureau et sera transcrite sur le registre par le préposé de la régie, et signée par lesdits maîtres ou patrons. Dans le cas où ils ne sauraient signer, il en sera fait mention sur le registre.

Art. 9. — Ils ne pourront, sous peine d'une amende de 100 francs à 1,000 francs et de la confiscation tant de la cargaison que des barques ou bateaux, quitter le port de sortie avant l'acquittement des droits.

Art. 10. — Pour les riz ou paddys exportés par navires ou bâtiments partant du port de Saigon, les marchands, propriétaires, consignataires, courtiers, capitaines, maîtres ou patrons, en un mot, tous chargeurs devront, avant tout embarquement, faire, à peine d'une amende de 500 francs à à 1,000 francs, au bureau de la régie, une déclaration énonçant le poids total des riz, et faire connaître le nom, la nationalité, le tonnage et le nom du capitaine du navire sur lequel doit s'effectuer le chargement, ainsi que le lieu de destination.

Art. 11. — Ils devront, sous la même peine, acquitter les droits, avant tout chargement, des quantités déclarées.

Il leur sera délivré, après l'accomplissement desdites formalités et l'acquittement des droits, un permis d'embarquement qu'ils seront tenus de remettre, à peine d'une amende de 500 francs à 1,000 francs, avant le commencement du chargement, au préposé de la régie qui serait en sur-veillance à bord du navire destinataire, et sur sa réquisition.

Ce permis d'embarquement relatera l'énonciation de la déclaration faite par les chargeurs ou leurs commis et le montant des droits acquittés.

Art. 12. — Il ne pourra être fait, à peine d'une amende de 500 francs à 1,000 francs, aucun chargement de riz ou paddys, destinés à l'exportation, avant le lever ou après le coucher du soleil, ni les dimanches et jours fériés, à moins d'une autorisation spéciale de la régie.

Cette peine sera prononcée tant contre les chargeurs que contre les capitaines, maîtres ou patrons des navires destinataires.

Art. 13. — La vérification se fera au lieu d'embarquement ; les commis désignés pour assister au chargement devront s'y transporter à la première réquisition, à peine de répondre des événements résultant de leur refus.

Les chargeurs ou propriétrires des riz ou paddys exportés devront être toujours représentés à bord du navire destinataire pendant toute la durée du chargement ; il sera sursis, en leur absence, à l'embarquement de la marchandise.

Art. 14. — Les chargeurs seront tenus, à peine d'une amende de 100 francs à 500 francs, de remettre à chaque patron de chaland qu'ils expédieront à bord d'un navire une déclaration signée et certifiée de la quantité en sacs et en piculs de riz ou de paddys composant la charge du chaland, et indiquant le numéro du chaland et le nom du navire auquel le chargement est destiné.

Ces déclarations partielles, rédigées en français, sans rature, ni surcharge ni addition, ni interligne ou autrement, seront remises dès son arrivée à bord, par le patron du chaland, au préposé de la régie ou, en son absence, au capitaine ou à un officier du bord.

Les déclarations partielles totalisées à la fin du chargement devront concorder avec la déclaration générale édictée en l'article 10.

Art. 15. — Les maîtres ou patrons de barques ou jonques de mer annamites qui auront à faire au port de sortie la déclaration du chargement pris dans l'intérieur, pourront les modifier si, dans les 24 heures et avant toute visite, ils reconnaissent quelque erreur quant au poids du riz ou du paddy.

A Saigon, pour les bâtiments ou navires, les personnes qui auront fait leurs déclarations pourront aussi les modifier jusqu'au moment de l'arrivée à bord de l'agent de la régie chargé de la vérification, et en acquittant les droits supplémentaires.

Si la quantité constatée par la vérification est inférieure aux déclarations, les droits afférents à l'excédant seront restitués ou versés, au bout d'un mois, à la caisse des dépôts et consignations.

Art. 16. — Les chargeurs et capitaines, maîtres ou patrons de navires, seront tenus, à peine d'une amende de 500 francs à 1,000 francs, de représenter aux préposés de la régie, s'ils le requièrent, les connaissements, chartes-parties et même la police d'assurance, s'il en existe une, ou de justifier que ces pièces ne sont plus en leur possession.

Art. 17. — Dans le cas où, par la faute du capitaine, il serait fait obstacle à la vérification à bord du poids des riz ou paddys exportés, le transport de la marchandise au bureau de la régie, s'il y a lieu, et les frais de manipulation des sacs pour le pesage seront au compte des propriétaires ou chargeurs, sauf leur recours contre le capitaine.

Ils pourront employer à cet effet des hommes de leur choix ou ceux employés habituellement par la régie.

Art. 18. — Si les riz ou paddys embarqués excèdent le poids déclaré, l'excédant sera assujetti au triple droit, et celui qui aura fait la fausse déclaration sera, de plus, puni d'une amende de 100 francs à 1,000 francs, pour sûreté de laquelle toute la cargaison de riz ou de paddy sera retenue, à moins toutefois que cet excédant ne soit que du vingtième. Dans ce cas, l'excédant, ainsi que les quantités déclarées, n'acquitteront ensemble que le simple droit et le déclarant n'encourra aucune peine.

Art. 19. — Les préposés de la régie auront le droit, à bord des bâtiments en chargement de riz ou paddys destinés à l'exportation, de faire, lorsque les opérations de l'embarquement devront être interrompues, fermer les panneaux, écoutilles et toutes ouvertures donnant accès dans la partie du bâtiment où sera arrimée la marchandise.

Ils pourront, de plus, apposer leurs scellés sur les panneaux et autres fermetures ou prendre telle mesure qu'ils jugeront opportune pour empêcher toute introduction frauduleuse de riz ou paddys destinés à l'exportation.

Art. 20. — Les préposés de la régie auront pareillement le droit, et sans l'assistance d'aucun officier de police judiciaire, de pénétrer à bord des barques, bateaux, jonques, navires et autres bâtiments de commerce pour y faire les visites qu'ils jugeront nécessaires.

Tout capitaine, patron ou maître de navire, bateau, barque ou jonque de mer, qui s'opposera à la visite desdits préposés ou à leur libre exercice, sera puni d'une amende de 500 francs à 1,000 francs et d'un mois de prison, sans préjudice d'une plus forte peine en cas de sévices, d'outrages ou d'injures prévus par le Code pénal.

Art. 21. — Il est défendu aux maîtres ou patrons de barques, bateaux ou jonques de mer annamites chargés de riz ou paddys destinés à l'exportation, sous peine d'une amende de 1,000 francs à 3,000 francs et de la confiscation tant de la marchandise que des barques, bateaux ou jonques, de quitter le port de sortie avant l'acquittement des droits et sans avoir fait viser leur manifeste au bureau de la régie.

Le même acte contiendra l'assignation à comparaître devant le tribunal correctionnel dans le ressort duquel la saisie aura été faite et la contravention constatée.

Art. 32. — Si la partie n'assiste pas à la rédaction du procès-verbal, la notification, avec assignation à comparaître devant le tribunal correctionnel du ressort dans lequel la saisie a été opérée ou la contravention constatée, lui en sera faite, dans les trois jours de la clôture dudit procès-verbal, par les agents de la régie ou par le ministère d'huissier, à sa résidence ou à sa personne.

Art. 33. — Si le prévenu a abandonné la marchandise sans se faire connaître, il ne sera fait qu'une simple signification du procès-verbal : dans les inspections, à l'administrateur des affaires indigènes, et dans le ressort des tribunaux de Saigon, au procureur de la République.

Art. 34. — Le procès-verbal, outre les mentions déjà citées, indiquera la date et le nom des agents de la régie ; il portera de plus l'heure à laquelle il aura été clos.

Il sera affirmé véritable, à Saigon, devant le juge de paix, et dans les inspections, devant l'administrateur qui en fait fonctions, ou devant leur suppléant, dans les 48 heures à compter de celle à laquelle il aura été clos.

Art. 35. — Avant de recevoir l'affirmation, le juge donnera lecture du procès-verbal aux préposés de la régie ; il signera avec eux l'acte d'affirmation qui sera inscrit à la suite du procès-verbal.

Art. 36. — Les procès-verbaux, signés par deux préposés de la régie et par eux affirmés véritables, feront foi jusqu'à inscription de faux ; en l'absence d'une de ces deux formalités, la preuve du contraire pourra toujours être faite.

TITRE III.

DES JUGEMENTS ET DE LEUR EXÉCUTION.

Art. 37. — La confiscation de la marchandise saisie pourra être poursuivie et prononcée contre les capitaines, maîtres ou patrons des bâtiments, navires ou barques à bord desquels les riz ou paddys auront été trouvés, sans que la régie soit tenue de mettre en cause les propriétaires, quand même ils lui seraient indiqués, sauf si lesdits propriétaires intervenaient ou étaient appelés par ceux sur lesquels les saisies auraient été faites, à être statué, ainsi que de droit, sur leur intervention ou réclamation.

Art. 38. — Il ne pourra être donné main-levée de la saisie qu'en jugeant définitivement.

Art. 39. — Les condamnations contre plusieurs personnes pour un même fait de fraude seront solidaires pour l'amende et les dépens.

Art. 40. — Les juges ne pourront, sous aucun prétexte, modérer les confiscations ou amendes, ni en ordonner l'emploi au préjudice de la régie, qui ne pourra transiger sur les confiscations et amendes lorsqu'elles auront été prononcées par un jugement ayant acquis force de chose jugée.

Art. 41. — Les objets saisis pour fraude ou contravention ou confisqués ne pourront être revendiqués par les propriétaires, ni le prix en être réclamé par aucun créancier, même privilégié, sauf leur recours contre les auteurs de la fraude.

Art. 42. — Les jugements portant condamnation du paiement des droits, de l'amende et des frais seront exécutés, même par corps.

Art. 43. — Les jugements portant confiscation de riz ou paddys saisis sur les particuliers inconnus et par eux abondonnés et non réclamés, ne seront exécutés qu'après le mois de l'affiche desdits jugements à la porte du bureau de la régie où a été déposée la marchandise.

Passé ce délai, aucune demande ou répétition ne sera récevable, et la marchandise sera vendue au profit de l'administration.

Art. 44. — Le présent arrêté sera mis provisoirement en vigueur à partir du 1er janvier 1879.

Art. 45. — Il ne sera rendu définitivement exécutoire qu'après l'approbation du Ministre.

Art. 46. — Le Directeur de l'intérieur est chargé de l'exécution du présent arrêté, qui sera communiqué partout où besoin sera et publié au *Courrier de Saigon*, au *Gia din hbao* et au *Bulletin officiel de la Cochinchine*.

Saigon, le 9 septembre 1878.

J. LAFONT.

Par le Gouverneur :
Le Directeur de l'intérieur p. i.,
BÉLIARD.

Organisation d'un service pour la perception du droit de sortie sur les riz exportés.

Le Contre-Amiral, Gouverneur et Commandant en chef,

Vu l'arrêté, en date de ce jour, portant création d'un droit sur les riz à leur sortie de la colonie ;

Considérant qu'il y a lieu d'organiser le service des ports de commerce, en vue de la perception de ce droit d'exportation ;

Vu les procès-verbaux de la commission spéciale nommée par décision du 30 mars 1878 ;

Sur la proposition du Directeur de l'intérieur ;
Le Conseil privé entendu,

ARRÊTE :

Article premier. — Pour la perception des droits sur les riz exportés de la colonie, à l'exception de ceux à destination du Cambodge par la voie du fleuve, qui en sont exemptés, il est établi un bureau de régie dans les ports de Saigon, Mytho, Hatien, Rachgia et Camau.

Art. 2. — Les droits de sortie seront liquidés : à Saigon, par le capitaine du port de commerce ; à Mytho, Hatien et Rachgia, par l'administrateur des affaires indigènes ; à Camau, par un maître de port désigné à cet effet.

Il leur sera adjoint pour recevoir les déclarations, liquider les droits dûs et faire toutes écritures ayant trait à ce service, un nombre suffisant de secrétaires de la Direction de l'intérieur.

Art. 3. — Pour le service actif, il sera créé des surveillants à Saigon et dans chacun des autres ports.

Ailleurs qu'à Saigon, les fonctions de surveillants pourront être exercées par des Asiatiques.

Art. 4. — Le capitaine du port de commerce de Saigon, les maîtres de ports de commerce et les agents placés sous leurs ordres prêteront, avant leur entrée en fonctions, serment devant le tribunal civil de leur arrondissement.

Art. 5. — Les administrateurs, le capitaine du port de commerce de Saigon, le maître de port de Camau et les agents de la régie auront le droit de rechercher et de constater, par des procès-verbaux, toutes les contraventions aux arrêtés et règlements sur la navigation, sur l'importation des alcools, sur l'exportation des riz et, en général, sur tout ce qui est relatif aux ports de commerce.

Art. 6. — Le capitaine du port de commerce de Saigon a la direction de son service et exerce les attributions qui lui sont conférées par les arrêtés et règlements, sous l'autorité du Directeur de l'intérieur.

Le maître du port de Camau exerce les mêmes attributions, sous les ordres directs de l'administrateur des affaires indigènes du Rachgia.

Art. 7. — Les recettes des produits des bureaux des ports continueront à s'effectuer dans la caisse du trésorier payeur ou de ses délégués, sur des liquidations arrêtées par le capitaine ou maître du port, ou, en cas d'empêchement, par le commis préposé aux déclarations.

Art. 8. — Les produits d'amendes et de confiscations par suite de saisies faites par les préposés ou agents de la régie, seront distribués comme suit :

Un cinquième à répartir entre tous les agents de la régie du port ;
Un cinquième aux saisissants ;
Le surplus sera acquis à la caisse coloniale.

Art. 9. — Les agents préposés temporairement au même service jouiront du même privilége que les agents de la régie pour les saisies qu'ils auront opérées ou les contraventions qu'ils auront constatées.

Art. 10. — Dans le cas où les contraventions auraient été dénoncées à l'autorité par des personnes étrangères au service du port, il sera prélevé, avant toute répartition, un tiers à leur profit.

Art. 11. — Les soldes seront fixées comme suit :

Maître de port de commerce à Camau................... 3,600ᶠ 00
Chef surveillant à Saigon............................ 3,600 00
Surveillants européens............................... 3,000 00
Surveillants asiatiques.............................. 1,600 00

Le capitaine du port de commerce de Saigon recevra un supplément de solde de 1,200 francs.

Art. 12. — Tous les agents et surveillants de la régie seront porteurs d'une carte certifiant leur identité, renouvelée chaque année et signée par le Directeur de l'intérieur, qu'ils devront exhiber à leur arivée à bord de tout navire, barque ou jonque, où ils se rendront soit en surveillance soit en vérification de chargement.

Art. 13. — Sont maintenues toutes dispositions antérieures qui n'ont rien de contraire au présent arrêté, lequel sera mis en vigueur à partir du 1er janvier 1879.

Art. 14. — Le Directeur de l'intérieur est chargé de l'exécution du présent arrêté, qui sera communiqué partout où besoin sera et publié au *Courrier de Saigon*, au *Gia dinh bao* et au *Bulletin officiel de la Cochinchine*.

Saigon, le 9 septembre 1878.

J. LAFONT.

Par le Gouverneur :
Le Directeur de l'intérieur p. i.,
BÉLIARD.

Le Contre-Amiral, Gouverneur et Commandant en chef,

Vu l'arrêté du 9 septembre 1878, créant un droit de sortie sur les riz exportés de la colonie, excepté pour le Cambodge par la voie du fleuve ;
Vu l'article 11 du traité du 11 août 1863, avec le royaume du Cambodge, d'après lequel les marchandises de provenance cambodgienne sont admises en franchise dans tous les ports ouverts de la Cochinchine française ;
Considérant que l'arrêté précité du 9 septembre 1878 ne prévoit pas l'exportation des riz du Cambodge expédiés en transit par la colonie ;
Considérant qu'il importe, pour combler cette lacune et sauvegarder les intérêts du trésor, de préciser, par un acte spécial, les conditions dans lesquelles pourra se faire cette exportation ;
Sur la proposition du Directeur de l'intérieur,
Le Conseil privé entendu,

ARRÊTE :

Article premier. — Les riz ou paddys de provenance cambodgienne, en transit à Saigon, sont exempts du droit d'exportation.

Art. 2. — Toute personne voulant exporter du Cambodge des riz ou paddys, en transit par le port de Saigon, devra en faire la déclaration au représentant du Protectorat à Phnum-penh.

Art. 3. — La déclaration d'exportation, dont l'importance ne devra pas excéder la quantité portée au certificat d'origine dont il est parlé à l'article 5, énoncera le poids total des riz ou paddys à exporter, ainsi que le nom du navire sur lequel doit s'effectuer le chargement, son tonnage et le nom du capitaine et de l'armateur.

Elle sera enregistrée sans frais au Protectorat sur un registre à ce destiné, et récépissé en sera donné au déclarant.

Art. 4. — Le secrétaire du Protectorat, assisté du délégué de la douane, procédera, avant le commencement du chargement, à une visite du bâtiment, pour s'assurer qu'il n'y a pas déjà des riz ou paddys embarqués.

Art. 5. — L'exportateur devra se munir, pour les riz en transit, d'un certificat d'origine de la douane cambodgienne ou de la douane siamoise de Piensouma, si les riz ou paddys proviennent des provinces cambodgiennes de Siam. Ce certificat sera, sous peine de nullité, visé par le représentant du Protectorat, qui en avertira le Directeur de l'intérieur à Saigon.

Art. 6. — Les riz ou paddys transités à Saigon ne pourront être débarqués à terre ; ils seront transbordés du navire importateur au navire exportateur, soit directement soit au moyen de chalands.

Art. 7. — Dans les vingt-quatre heures de l'arrivée de la marchandise à Saigon, l'exportateur devra faire viser, par le capitaine du port de commerce, le certificat d'origine et le récépissé de la déclaration de transit émanant du Protectorat du Cambodge, et déclarer le mode, le jour et l'heure du transbordement, ainsi que le nom et la destination du navire sur lequel il aura lieu. Transcription de ces pièces et de la déclaration sera faite, sans donner lieu à la perception d'aucun droit, sur un registre spécial tenu au port de commerce.

Art. 8. — Si le transbordement a lieu directement de bord à bord, le certificat d'origine et la déclaration de transit portant l'autorisation de transborder seront remis, par l'exportateur ou son commis, au préposé de la régie en surveillance à bord du navire destinataire.

Art. 9. — Si le transbordement s'effectue au moyen de chalands, l'expéditeur sera tenu en outre de remettre au patron de chaque chaland la déclaration partielle exigée par l'article 14 de l'arrêté du 9 septembre 1878, sous peine de l'amende de 100 à 500 francs prévue audit article.

Art. 10. — Le transbordement une fois commencé, devra être continué sans interruption.

Art. 11. — Faute par l'expéditeur d'avoir rempli une des formalités prévues aux articles 2, 3, 4, 5, 6, 7, 8 et 10 ci-dessus, ou de s'être renfermé, pour les riz ou paddys présentés à l'embarquement, dans la limite du 1/20e en plus toléré par l'article 18 de l'arrêté du 9 septembre 1878, toute la marchandise sera considérée comme étant de provenance cochinchinoise et traitée comme telle au point de vue des droits d'exportation.

Art. 12. — Sont en outre applicables aux riz et paddys cambodgiens en transit à Saigon, en tant qu'elles ne sont pas contraires à celles ci-dessus, les prescriptions de l'arrêté susvisé du 9 septembre 1878, concernant le poids des tares, le mode de vérification, la répression de la fraude et généralement toutes les dispositions réglementant l'exportation des riz de Cochinchine.

Art. 13. — Le Directeur de l'intérieur est chargé de l'exécution du présent arrêté, qui sera communiqué partout où besoin sera, et publié au *Courrier de Saigon*, au *Gia dinh bao* et au *Bulletin officiel* de la colonie.

Saigon, le 10 février 1879.

J. LAFONT.

Par le Gouverneur :

Le Directeur de l'intérieur p. i.,

BÉLIARD.

Le Gouverneur de la Cochinchine française, officier de la Légion d'honneur et de l'Instruction publique,

Vu les articles 33, paragraphe 3, 34 paragraphe 1er, du décret du 8 février 1880 ;

Vu la délibération du Conseil colonial, en date du 11 novembre 1880, fixant la taxe des rizières à 3 francs, 2 francs et 1 franc par hectare, suivant leur degré de fertilité :

Vu la délibération dudit Conseil, à la même date, fixant à 3 francs par homme valide l'impôt des inscrits à répartir par les villages, suivant les capacités des habitants ;

Vu la délibération dudit Conseil, à la même date, élevant de 10 à 15 cents par picul le droit de sortie sur les riz ;

Vu l'article premier de l'arrêté du 9 septembre 1878, particulièrement en ce qui touche les rizières cadastrées ;

Vu l'arrêté du 9 septembre 1878, relatif au droit de sortie sur les riz ;

Considérant qu'il est urgent de dresser les rôles d'impôt pour 1881 ; que les délais ne permettent plus de soumettre les délibérations susvisées à l'approbation du Président de la République, avant l'ouverture de l'exercice ;

Considérant que les dispositions votées par le Conseil colonial sont en tout point avantageuses à la population annamite ;

Considérant qu'elles ne modifient pas d'une manière sensible l'équilibre du budget ;

Considérant que si le Conseil colonial s'est proposé d'améliorer la situation du cultivateur, il a entendu en même temps, par un abaissement de tarif, mettre un terme aux fraudes qui se commettaient ;

Sur la proposition du Directeur de l'intérieur,

Le Conseil privé entendu,

ARRÊTE :

Article premier. — Sont provisoirement rendues exécutoires les délibérations susvisées.

Art. 2. — Les taxes des rizières sont fixées à (3 francs, 2 francs et 1 franc) trois francs, deux francs et un franc l'hectare, suivant leur degré de fertilité.

Art. 3. — L'impôt des inscrits à payer par village et à répartir entre les habitants, suivant leur capacité, est fixé à raison de trois francs (3 francs) par homme valide.

Art. 4. — L'impôt d'exportation sur les riz est élevé de 10 à 15 cents par picul ; il continuera d'être perçu dans les conditions prévues par l'arrêté du 9 septembre 1878.

Art. 5. — Est abrogé l'article premier de l'arrêté du 9 septembre 1878, sur l'impôt foncier.

Art. 6. — Tout village qui commettra des dissimulations sur les contenances cultivées et soumises à l'impôt, sera passible d'un impôt double pendant autant d'années qu'il aura dissimulé de dixièmes de ses cultures.

Art. 7. — En cas de contestation entre l'Administration et les villages, il pourra être procédé à un levé topographique. Les frais dudit levé seront à la charge de l'Administration ou des villages, selon la partie qui succombera.

Art. 8. — Les réclamations des villages seront portées devant le Conseil privé.

Art. 9. — Tout village qui commettra des dissimulations sur le nombre des hommes valides, pour l'établissement de l'impôt des inscrits, sera passible d'un impôt double pendant autant d'années qu'il aura dissimulé de dixièmes du nombre des hommes valides.

Art. 10. — Sont abrogées toutes les dispositions antérieures contraires au présent arrêté.

Art. 11. — Le Directeur de l'intérieur est chargé de l'exécution du présent arrêté, qui sera provisoirement applicable à compter du 1er janvier 1881, et soumis à l'approbation du Président de la République.

Saigon, le 15 novembre 1880.

LE MYRE DE VILERS.

Par le Gouverneur :
Le Directeur de l'intérieur,
BÉLIARD.